Promenade

d'un Potache

à travers l'Exposition

racontée à son Copain

PAR

Eugène Debons

Rouen

Imprimerie Nouvelle Paul Leprêtre

75, Rue de la Vicomté, 75

—

1890

Pièce
Ye
2295

Promenade

d'un Potache
à travers l'Exposition

racontée à son Copain

PAR

Eugène Debons

Rouen

Imprimerie Nouvelle Paul Leprêtre

75, Rue de la Vicomté, 75

—

1890

Du Palais des Merveilles, 1889.

A MON VIEUX COPAIN, SALUT !

Mon *vieux copain*, je viens te rendre compte (¹)
De ma visite à l'*Exposition*,
Et, crois-moi bien, ce que je te raconte
Est le reflet de mon impression.

D'abord je fus comme pris de vertige,
En arrivant par le *Trocadéro*.
Je me cherchais. J'étais sous le prestige ;
Tout devant moi dansait la *Fandango*.

Tout ébloui, j'avais suivi la foule,
Qui descendait par le pont d'Iéna,
Lorsque survint un mouvement de houle,
Qui m'échoua sur la belle *Fathma*.

Tu te souviens combien elle était belle ?
De quel éclat scintillaient ses grands yeux ?
Avons-nous fait de petits vers pour elle,
Et décroché des étoiles aux cieux ?

(¹) Air du rondeau de *la Corde sensible.*

Si c'est du choc que jaillit la lumière,
Du choc aussi jaillit le sentiment.
La connaissance était facile à faire ;
Il ne fallait qu'être aimable et galant.

Je fus galant ; Elle pas trop rigide
Se complaisait à tous mes compliments,
Puis gentiment elle se fit mon guide,
Et m'entraina vers les coins amusants.

Notre début fut chez les *Javanaises :*
Là, c'est à n'y comprendre rien du tout;
Elles sont quatre assises sur des chaises,
Et n'ont pas l'air de s'amuser beaucoup.

Une se lève, et marche la première ;
Suit la deuxième, et la troisième aussi ;
La quatrième arrive par derrière :
Voilà, *mon vieux*, comment on danse ici.

Mais il parait que ça dit bien des choses,
Quand on connait leur langage amoureux.
Tout est parlant : leurs petites mains roses,
En se crispant, chantent l'hymen heureux.

Mon *guide* dit que ce sont des Vestales,
Dont la jeunesse est vouée à *Brahma;*
Mais des savants, très forts sur les *annales,*
Montrent du doute, et voudraient bien voir ça.

Quoi qu'il en soit, leurs façons sont drôlettes ;
Elles ont l'air de gentils ouistitis.
En regardant ces bizarres fillettes,
On se reporte aux *Mystères d'Isis*.

C'est moins mystique à la *Danse du ventre ;*
Il semble voir la femme en mal d'enfant :
Ça va, ça vient, ça roule, gonfle et rentre ;
Fathma fermait les yeux en rougissant.

Ce n'était pas du tout la pruderie
Qui lui faisait monter le rouge au front,
Mais bien plutôt un peu de jalousie
De n'être point mise en comparaison.

Comme pendant à ce spectacle étrange,
Nous courons voir les *Aïssaouas*.
C'est dégoûtant ; on en voit un qui mange
Des scorpions, et s'en fait un repas.

Pour eux le fer, le feu semblent des roses ;
Avec extase, ils se lardent le corps.
Sans rechercher les effets et les causes,
Nous avons hâte, au fond, d'être dehors.

Quand nous partons, une danse commence ;
Encor du *ventre !* Eh bien, ce n'est pas laid :
Voir un beau corps, qui frissonne en cadence,
Ça plait aux yeux, et produit de l'effet.

Mais pas moyen de rester davantage,
Fathma trouvait que je regardais trop.
Voilà l'ennui d'être deux en voyage,
On ne peut pas chevaucher à son trot.

Nous traversons un singulier *Village*,
Où nous voyons jouer un sapajou ;
On nous apprend qu'enfant de haut lignage,
Ce jeune singe est le prince *Ahmadou*.

Quand il est pris de faim *Sénégalaise*,
La mère, aux cris de son cher nourrisson,
Tout en marchant, lui passe fort à l'aise
Dessous le bras son flasque biberon.

Dans ce pays d'élevage pratique
Tous les enfants sont portés sur le dos ;
On peut ainsi balayer sa boutique,
Tout en berçant ses petits moricauds.

La note gaie est au *Quartier du Caire* ;
L'aspect est là tout à fait *rigolo*.
C'est une foire, à la mode étrangère :
« *Bounboun, moussu ; mange bono bono.* »

Ce sont les cris des marchands de pastilles,
Et de nougat fait à Montélimar ;
Ou bien l'appel de belles jeunes filles,
Vous invitant à fouiller leur *bazar*.

On se bouscule autour de l'étalage
D'une *Odalisque*, aux grands yeux alanguis ;
Mais la marchande et tout son déballage
Viennent tout droit du faubourg Saint-Denis.

Ventre saint-gris ! Encore un *Ventre* en danse.
Ils se sont donc, ce soir, tous mis en jeu ?
Mais celui-ci montre plus de science,
Et sans Fathma j'applaudirais un peu.

En remontant vers les temps historiques,
On croirait voir la belle *Salomé*,
Se balançant en saccades rythmiques
Sous les regards de *Hérodès* pâmé.

Tout à côté les *Tziganes* font rage
A coups d'archet sur leurs gais instruments.
Ce que Fathma remarquait davantage,
C'était l'effet des pantalons collants.

Sur les *Aniers* je ne sais trop que dire :
Leurs ânes sont blancs au lieu d'être gris.
Je ne crois pas qu'au Caire ils sachent lire ;
L'âne est toujours un âne en tous pays.

Mais on prétend, derrière les coulisses,
Que ces *Aniers* ont beaucoup de succès,
Et que souvent ils ont fait des caprices :
La nature a de singuliers accès.

Suivant la foule au *Théâtre Annamite*,
Je me trouvai dans un café-concert.
Ce qu'on y voit n'a pour moi qu'un mérite :
C'est d'être court, et qu'il n'y fait pas clair.

Que voir d'ailleurs ? Des formes opulentes,
Se ballottant au son du tambourin,
Ou bien des peaux huileuses et gluantes,
Portant au loin une âcre odeur de suint.

En tous pays, au Tonkin comme en France,
Une femme est un régal de haut goût ;
La Parisienne aura la préférence,
Quand on voudra manger un fin ragoût.

Fathma voulait aller en *Pousse-pousse ;*
Cà m'ennuyait, non que je sois jaloux.
Mais pour monter, il faut que l'on se trousse,
Et fasse voir son *troisième dessous*.

Puis on a l'air du mari de sa femme,
Souvent derrière et rarement devant.
Par Cupidon ! qu'on m'approuve ou me blâme,
J'aime encor mieux la place de l'amant.

Fathma boudait, et me faisait la moue,
Et je ne pus alors la consoler
Qu'en lui disant que des taches de boue,
Sur ses bas blancs osaient se révéler.

Elle sourit ; la paix fut vite faite,
Car elle était coquette et bonne enfant,
Et du jupon lâchant une tirette,
Elle reprit son pas leste et pimpant.

Ollé ! Ollé ! nous sommes à Grenade,
Dans la Tribu des brunes *Gitanas*.
Gare à vos cœurs ! Et, sous la vive œillade
De leurs grands yeux, ne vous attardez pas.

C'est un essaim mouvant de belles filles :
C'est *Soledad*, c'est *Reyès*, c'est *Pepa* ;
Bouffez, jupons ! Envolez-vous, mantilles !
Brava ! *Lola*. Viva ! *Maccarona*.

Que de baisers courent, par la pensée,
Chercher un coin sur ces beaux corps cambrés !
On est grisé. L'âme est bouleversée,
Et bien des cœurs s'en vont énamourés.

Enfin Fathma, pour finir la soirée,
Me conduisit au *Palais de Tunis* ;
Mais, ô surprise ! à la porte d'entrée
Nous attendait un groupe de *Houris*.

Autour de nous l'aspect était féerique ;
Le ciel passait du ton rose au ton bleu,
Et tout à coup, par un effet magique,
Se transformait en un brouillard de feu.

C'était Fathma, qu'on recevait en reine,
A son retour dans son riant séjour.
Moi, je suivais, fier de porter la chaine,
Dont elle étreint ses esclaves d'amour.

On nous servit, sur de petites tables,
Des fruits confits, selon l'usage ici ;
Et nos propos devenant très aimables,
Nous nous cherchions..., et nos lèvres aussi.

Il était tard. Je logeais chez ma tante,
Qui n'entend rien en fait de sentiment.
Je ne voulais la laisser dans l'attente
De mon retour au chaste logement.

En m'en allant, content de ma veillée,
Un doux repos se faisait dans mon cœur,
Lorsque soudain mon âme réveillée
Vit rayonner Paris dans sa splendeur.

De mille feux étincelait le *Dôme*
Du vaste Temple, ouvert au monde entier ;
Soit République, Empire ou bien Royaume,
Tous sont venus ici se rallier.

Je m'exaltais, en pensant à la France,
Vaincue hier, triomphante aujourd'hui,
Et l'admirais dans sa magnificence,
Illuminant l'Univers ébloui.

Mais le vrai *clou* parmi tant de merveilles,
Certainement est bien la *Tour Eiffel ;*
Sa pointe atteint des hauteurs sans pareilles,
Et fait la nique à la tour de Babel.

Pourtant on dit, chose pyramidale !
Que nous avons encor beaucoup plus haut...?
C'est simplement la *colonn' vertébrale.*
Tu sais pourquoi ? Je ne dis plus un mot.

Pour aujourd'hui, c'est là que je termine
Ma promenade à l'Exposition.
En contemplant la *Tour*, mon front s'incline
Devant ce grand point « d'admiration ! »

Surtout, mon vieux, motus sur cette lettre,
Le Proviseur pourrait s'en offusquer ;
Cela pourrait aussi me compromettre,
Puis, au *bachot*, me faire *retoquer.*

Couplets chantés au banquet de l'Association des Anciens Elèves du Lycée Corneille, le 8 février 1890.

VENI — VIDI — VICTUS

DÉFAITE

Dans la Ville des merveilles
    Je suis venu ;
Bien des choses sans pareilles
    Mes yeux ont vu,
Et, par deux lèvres vermeilles
    Je suis vaincu.

Quoi qu'on dise ou que l'on fasse,
    Il faut, mon bon,
Qu'un jour ou l'autre l'on passe
    Le Rubicon.

A WAKIEM, TAMINAH, SARIEM et SAKIA,

DANSEUSES JAVANAISES,

ADIEU !

Vous nous quittez, chères idoles,
Que nous adorâmes six mois ;
Vous retournez sous vos coupoles,
Où vous n'entendrez plus nos voix.

Comme de gentils bengalis,
Partant vers le pays des roses,
Vous nous laissez, les yeux remplis
De toutes vos mignonnes choses.

Vous allez revoir vos pagodes,
Où s'étiolent vos seize ans,
Et, devant les chants des rapsodes,
Balancer vos corps languissants.

O Wakiem ! nénuphar orange,
Eclos sous un baiser d'amour,
Est-ce comme femme ou comme ange
Que tu te montrais chaque jour ?

Venais-tu, Vestale sacrée,
Souffler en nous l'esprit divin ?
Ou, comme Sultane adorée,
Grossir ton cortége en chemin ?

En toi, nous avons vu la femme,
Comme l'aime l'Humanité ;
Et notre cœur avec notre âme
S'inclinaient devant ta beauté.

Maintenant te voilà partie
Avec un lambeau de mon cœur.
Garde-le. Doux est dans la vie
Le souvenir d'un court bonheur.

Adieu ! Taminah, la jolie ;
Adieu ! Sariem et Sakia ;
Adieu ! Wakiem, fleur de ma vie :
Adieu ! danseuses de Java.

SOLEDAD

Sur l'Alameda de Grenade,
On ne parle plus, tous les soirs,
Que de l'amoureuse escapade
De Soledad, aux grands yeux noirs.

Sur quelle terre ensoleillée
A-t-elle porté ses ardeurs?
Montrant sa gorge débraillée
Et ruisselante de splendeurs.

C'est qu'elle était vraiment jolie,
Dans ses hardis déhanchements,
Cambrant, dressant son corps qui plie,
Et souriant à blanches dents.

C'était un tourbillon de flamme,
Avec un cliquetis de pas :
Chacun eût payé de son âme
Un enlacement de ses bras.

Tel un météore, qui passe,
Nous éblouit de ses clartés ;
Telle Soledad sur sa trace
Sème l'éclat de ses beautés.

La Tribu ne sait où se cache
L'amoureuse petite sœur ;
Le Capitan mord sa moustache,
Sur le vol fait à son honneur.

Mais ici-bas tout se pardonne,
L'indifférence et l'abandon ;
Et les *roubles* à la Mignonne
Vont préparer un doux pardon.

E. D.

www.ingramcontent.com/pod-product-compliance
Lightning Source LLC
Chambersburg PA
CBHW061614040426
42450CB00010B/2480